THÉORIE

DES

CHARPENTES,

DONNANT DES RÈGLES PRATIQUES

POUR LA CONSTRUCTION DES FERMES

ET AUTRES APPAREILS EN BOIS OU EN FONTE.

PAR M. V. FABRÉ,

CAPITAINE DU GÉNIE.

Prix : 2 fr. 50 c.

PARIS,

IMPRIMÉ PAR E. THUNOT ET Cⁱᵉ,

RUE RACINE, 26.

1851

THÉORIE

DES

CHARPENTES.

Nota. Les personnes qui voudront abréger le travail de la lecture de cet ouvrage pourront passer les paragraphes 47, 48, 49, 50, 51, 52 et 53 qui n'ont pas une grande utilité pratique.

THÉORIE

DES

CHARPENTES,

DONNANT DES RÈGLES PRATIQUES

POUR LA CONSTRUCTION DES FERMES

ET AUTRES APPAREILS EN BOIS OU EN FONTE.

Par **M. V. FABRÉ**,

CAPITAINE DU GÉNIE.

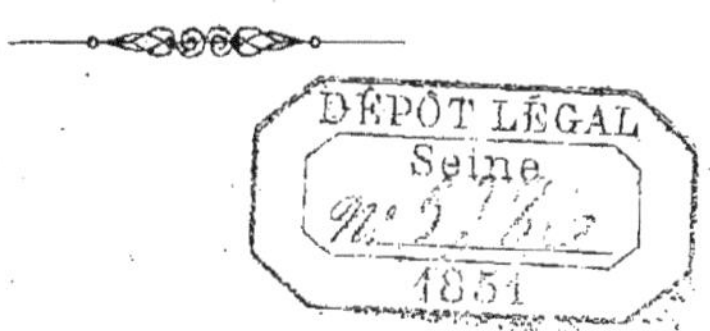

PARIS.

IMPRIMÉ PAR E. THUNOT ET Cⁱᵉ,

RUE RACINE, 26.

1851

AVANT-PROPOS.

On emploie depuis plusieurs années pour la couverture des manéges de cavalerie, une charpente imaginée par M. le colonel du génie Ardant : cette ferme sans tirant qui a réalisé un véritable progrès sur les appareils de même nature, est représentée (*fig.* 11) ; malheureusement l'auteur n'a pas eu l'idée de modifier les anciennes formes en plein cintre et à cet égard son système est aussi vicieux que les autres.

Chargé en 1846 de rédiger un projet de manége pour le quartier de cavalerie que nous faisions construire à Castres (département du Tarn), nous fûmes frappé de ces imperfections, et ne voulûmes pas prendre la responsabilité d'une couverture supportée par un appareil de ce genre ; tout en conservant la forme et les dimensions du bâtiment, nous proposâmes donc l'adoption de la charpente (*fig.* 12) d'une construction à peu près conforme aux principes de la théorie que nous allons exposer.

Le comité des fortifications, avec la prudence qui caractérise toujours ses délibérations, ne crut pas devoir adopter notre projet; mais il prescrivit des expériences comparatives entre les deux appareils. Divers incidents, inutiles à rapporter ici, retardèrent ces expériences jusqu'à la fin de l'année 1849; elles ont d'ailleurs pleinement justifié nos prévisions; en voici succinctement les résultats :

Le volume de la ferme (*fig.* 11) dépassait 7 mètres cubes;

Celui de la ferme (*fig.* 12) atteignait à peine 3 mètres, et cependant sous une charge de 30,000 kilog. à peu près uniformément répartie, le milieu de la première est descendu d'environ 30 centimètres, tandis que la seconde n'a éprouvé au même point qu'une flexion de 6 centimètres, et encore ce déplacement eût été bien moindre si un vice de construction, dont nous nous sommes aperçu plus tard, n'avait pas favorisé la flexion du côté horizontal; aux extrémités de ce côté, le déplacement n'atteignait pas en effet 3 centimètres.

Ce dernier appareil avait d'ailleurs conservé toutes les apparences de sa forme primitive; le premier au contraire était complétement déformé; son arbalétrier présentait une courbure concave à sa partie supérieure et convexe à sa partie inférieure ; le poteau vertical surplombait de 0^m,15 ; le cintre, fortement aplati au sommet, avait au contraire une courbure plus prononcée vers les reins.

Ces résultats, détaillés dans un procès-verbal du 2 octobre 1849, ont été constatés par une commission nommée par M. le ministre de la guerre et présidée par le colonel du génie Guyot-Duclos ; s'il m'était permis de publier ce document, le lecteur aurait sous les yeux un témoignage éclatant de la scrupuleuse exactitude qui a présidé à sa rédaction. Je prends la liberté d'en témoigner ici ma reconnaissance à MM. les membres de cette commission ; je remercie aussi M. le colonel Lesbros du soin et de la bienveillance qu'il a apportés dans l'examen préparatoire de ce travail : son rapport a servi de base à l'avis du comité et à la décision du ministre qui prescrivait les expériences comparatives.

Une notice de quelques pages accompagnait le projet présenté au comité : il nous a paru utile de donner à ce premier aperçu tout le développement que comporte un pareil sujet : toutefois nous n'avons pas traité la flexion des pièces prismatiques chargées perpendiculairement ou obliquement à leurs longueurs ; si la théorie qui sert à expliquer ce phénomène n'est pas irréprochable, cependant rectifiée par de nombreuses expériences, les résultats auxquels on arrive paraissent ne pas s'écarter sensiblement de la vérité. Du reste, nous y reviendrons plus tard, parce qu'à cette question se rattache l'examen d'appareils qui ont leur utilité dans les constructions.

Nous avons trouvé l'occasion de donner, à la fin de la première partie, une théorie de ponts suspendus invariables; les ingénieurs liront ce détail avec intérêt, et nous espérons qu'ils en tiendront compte dans la rédaction de leurs projets.

THÉORIE DES CHARPENTES.

—◦◇◯◇◦—

PREMIÈRE PARTIE.

Appareils invariables.

PRÉLIMINAIRES.

1. Le problème général à résoudre dans la théorie des charpentes, comme dans celle des voûtes et des ponts suspendus, est celui-ci : Étant donnés deux points fixes, équilibrer diverses forces intermédiaires en se servant de la résistance de ces points : et comme dans la nature les matériaux ne sont pas susceptibles de recevoir des compressions ou tensions indéfinies et qu'une économie de matière procure en général une économie d'argent, cet équilibre doit s'établir en développant les plus petits efforts de réaction possible.

2. Presque toujours on reporte l'action des efforts intermédiaires vers les appuis, en introduisant de nouvelles forces au moyen d'arc-boutements (*) convenablement ménagés : de telle sorte que la résultante finale des efforts appliqués et de ceux intro-

---

(*) Nous sommes obligé d'employer le mot arc-boutement, qui, peut-être, n'est pas français; nous n'avons pas trouvé d'autre désignation pour indiquer l'effort qui s'accomplit à l'intersection de deux arcs-boutants.

duits dans le système va passer par l'appui qui doit
les équilibrer. Mais si sur les points fixes on pouvait
appuyer un appareil invariable de forme, l'équilibre
pourrait évidemment s'établir sans l'intervention de
forces étrangères : dans ce cas, l'action sur les appuis
s'obtiendrait en décomposant chacune des forces appliquées en deux parallèles agissant en ces points,
et prenant ensuite la résultante de toutes celles qui
sollicitent alors chacun des points fixes.

3. Si la nature ne présente pas de matière susceptible
de fournir des appareils invariables de forme, cependant il est toujours possible, en limitant leurs dimensions
longitudinales et leur donnant une figure géométrique
convenable, de se rapprocher assez de l'invariabilité
pour pouvoir appliquer sans erreur sensible les théorèmes de la statique qui se rapportent à des systèmes
de cette nature. Cette limitation dans la longueur des
appareils fait qu'en général on ne peut pas réunir deux
points fixes au moyen d'un seul système invariable, il
faut le plus souvent en employer plusieurs, arc-boutant
les uns contre les autres, comme nous l'avons indiqué
dans le paragraphe précédent. Étudions les divers
genres d'arc-boutements qui peuvent se présenter.

Arc-boutement de deux verges reposant sur deux appuis.

4. (*Fig.* 1) Supposons d'abord deux verges rectilignes *fc*, *ec* rigides et inextensibles appuyant sur les
points fixes *f*, *e* par une de leurs extrémités et venant
arc-bouter en *c*, ce point étant sollicité par une force
verticale P : les efforts exercés en *f* et *e* agiront évi-

demment selon les verges fc, ce, et en représentant par cg l'intensité de P, les côtés cl, ck du parallélogramme $clgk$ constitueront en grandeur et en direction les efforts de pression des points f, e. Examinons la nature de ces efforts; en désignant par p, F et p', F' les composantes verticales et horizontales des forces cl, ck, on aura $cl' = p$, $ll' = $ F, $ck' = p'$, $kk' = $ F'; mais les deux triangles $ll'g$, ckk', étant égaux, on en déduit $ll' = kk'$ ou F $= $ F'; les composantes horizontales des efforts cl, ck sont donc égales ; de plus l'égalité de ces triangles donne $ck' + cl' = cl' + l'g = $ P ou $p + p' = $ P : la somme des composantes verticales est donc égale à la force P appliquée au point d'arc-boutement.

5. Pour exprimer les valeurs de F, p, p' en fonction des données du problème, posons $ch = $ H, $fj = d$, $ie = d'$ et désignons par Ω la différence de niveau ee' entre les points fixes f, e, nous aurons
$$jh = \frac{d\Omega}{d + d'}, \quad ih = \frac{d'\Omega}{d + d'} \, (^*);$$
les triangles semblables cll', cfj, d'une part, et ckk', cei, d'autre part, donneront d'ailleurs
$$p : \mathrm{F} :: \mathrm{H} + \frac{d\Omega}{d + d'} : d \quad \text{et} \quad p' : \mathrm{F} :: \mathrm{H} - \frac{d'\Omega}{d + d'} : d',$$
d'où l'on tirera :

$$(1) \quad p = \mathrm{F}\left(\frac{\mathrm{H}}{d} + \frac{\Omega}{d+d'}\right) \quad \text{et} \quad p' = \mathrm{F}\left(\frac{\mathrm{H}}{d'} - \frac{\Omega}{d+d'}\right) \quad (2)$$

(*) Les valeurs de jh, ih s'obtiennent en comparant les triangles semblables : fhj, fee' et ihe, fee'.

Ajoutant ces deux valeurs et les égalant à P, il viendra :

$$F = \frac{Pdd'}{H(d + d')} \qquad (3).$$

Discutons ces formules : Pour $H = 0$, on trouve $F = \infty$, $p = \infty$, $p' = -\infty$, ce qui peut se traduire par ces mots : l'équilibre est impossible sans arc-boutement ; H croissant depuis 0 jusqu'à $\dfrac{d'\Omega}{d + d'}$, F diminue depuis l'infini jusqu'à $\dfrac{Pd}{\Omega}$, p diminue également depuis l'infini jusqu'à P, et enfin p' augmente depuis $-\infty$ jusqu'à zéro. Le point f reçoit donc pour $H = \dfrac{d'\Omega}{d + d'}$ toute la charge P, et l'action sur e se réduit à la force horizontale F. H augmentant depuis $\dfrac{d'\Omega}{d + d'}$ jusqu'à l'infini, F diminue depuis $\dfrac{Pd}{\Omega}$ jusqu'à zéro, p diminue depuis P jusqu'à $\dfrac{Pd'}{d + d'}$ et p' augmente depuis zéro jusqu'à $\dfrac{Pd}{d + d'}$. Les valeurs de p et p' correspondant à $H = \infty$ sont les composantes parallèles de P agissant en f et e, ce qu'il était facile de prévoir.

Appareil composé de trois verges et par conséquent de deux points d'arc-boutement.

6. (*Fig.* 2) Considérons maintenant l'appareil *abcd* agissant sur les points fixes a, d et sur les points

d'arc - boutements b, c sollicités par les forces P, Q :
si l'équilibre existe, l'effort transmis au point c par la
verge bc sera égal à celui transmis au point b par la
même verge ; or si le point b envoie en c le même
effort que ce dernier lui renvoie, on ne changera pas
les compressions exercées sur les verges bc, ba en
supposant successivement fixe chacun de ces points :
mais alors les deux systèmes abc, bcd rentrent dans
le cas que nous venons d'examiner ; posons $ag = d$,
$gh = d'$, $hk = d''$, $kd = \Omega$; $cc' = H'$, $bb' = H$, nous aurons
$be = H - eb'$; les triangles semblables $ab'e$, $ac'c$
donnent :

$$d + d' : d :: H' : eb' = \frac{dH'}{d+d'}$$

et par suite :

$$be = \frac{H(d+d') - dH'}{d+d'}$$

De même $cf = H' - fc'$ et les triangles dfc', dbb' donnent :

$$d' + d'' : H :: d'' : fc' = \frac{Hd''}{d'+d''} \text{ et } cf = \frac{H'(d'+d'') - Hd''}{d'+d''}$$

Cela posé, les expressions des composantes horizontales des systèmes abc, bcd seront :

$$\frac{Pdd'}{H(d+d') - dH'} \text{ et } \frac{Qd'd''}{H'(d'+d'') - Hd''} ;$$

or, d'après ce que nous venons de dire, ces deux
expressions devant être égales, on en déduira :

$$H' = \frac{d''H(Q(d+d') + Pd)}{d(P(d'+d'') + Qd'')} \cdots (4)$$

Ainsi étant données les quantités d, d', d'', H, P et Q, on en déduit la position du second point d'arc-boutement qui par conséquent ne peut être choisi arbitrairement : en substituant la valeur de H dans une des expressions de la composante horizontale ci-dessus mentionnées, il vient :

$$F = \frac{d\,(P\,(d' + d'') + Qd'')}{H\,(d + d' + d'')} \cdots (5)$$

C'est précisément la valeur que l'on trouverait en décomposant Q en deux forces parallèles agissant en b et d et cherchant la composante horizontale du système abd sollicité par la somme $P + \dfrac{Qd''}{d' + d''}$. On peut donc déterminer la composante horizontale sans être obligé de chercher la position du second sommet c, lorsque d'ailleurs on connaît le point b.

Appareil composé d'un nombre quelconque de verges.

7. (*Fig.* 3) Considérons maintenant un système composé d'un nombre quelconque de parties invariables ab, bc, cd, etc., dont les points de rencontre b, c, d, etc., sont sollicités par les forces P, Q, R, S, etc., données en grandeur et en position. D'abord si on se donne trois sommets quelconques a, d, h, la position des autres sera complétement déterminée. En effet, le point c envoyant en d par l'intermédiaire de la

verge *cd* le même effort qu'il en reçoit, on ne troublera pas l'état de la partie *abcd*, en supposant ce second point fixe; mais alors, conformément à ce que nous venons de voir, le côté *cd* du système *abcd* sera sollicité de la même manière par un autre appareil *acd* dont le sommet *c* serait soumis à l'action d'une force verticale égale à Q augmentée de la composante de P, cette dernière étant décomposée suivant les verticales *a, c*. Ainsi on peut, sans troubler l'état des parties conservées du système primitif, substituer aux deux verges *ab, bc*, celle unique *ac*, en appliquant en *c* la force que nous venons de mentionner : par la même raison, on pourra à l'appareil *acdefgh* substituer celui *adefgh*; à celui-ci *adefh*; et enfin à ce dernier *adeh*; le point *d* sera alors sollicité par R augmentée des composantes de P et Q, ces forces étant décomposées suivant les verticales *a, d*, et le point *e* par S augmentée des composantes de T et U, ces forces étant décomposées suivant les verticales *c, h*. Ainsi la composante horizontale du système *adeh* sera la même que celle de l'appareil primitif; mais le point *d* étant donné et par conséquent la hauteur *dj* étant connue, on déduira des formule du paragraphe (6) : 1° l'intensité de la poussée, 2° la hauteur *ei*, et par conséquent la direction du côté *de*; en effet :

Désignons par H, H' les hauteurs des points *d, e* au-dessus de la ligne *ah*; par $d; d_1, d_2, d_3, d_4, d_5, d_6$, les distances horizontales entre l'appui *a* et la force P, cette dernière et Q, cette dernière et R, et ainsi de suite; par ϖ, V les forces appliquées en *e, d*, dans le système *adeh*, nous aurons :

$$V = R + \frac{Q(d + d_1) + Pd}{d + d_1 + d_2} \; ; \; \varpi = S + \frac{T(d_5 + d_6) + Ud_6}{d_4 + d_5 + d_6}$$

on aura d'ailleurs, en remplaçant Q par ϖ, P par V, d par $d + d_1 + d_2$, d' par d_3 et d'' par $d_4 + d_5 + d_6$ dans les formules (4) et (5) :

$$H' = \frac{H(d_4 + d_5 + d_6)\,(\varpi(d + d_1 + d_2 + d_3) + V(d + d_1 + d_2))}{(d + d_1 + d_2)(V(d_3 + d_4 + d_5 + d_6) + \varpi(d_4 + d_5 + d_6))} \; ;$$

$$F = \frac{(d + d_1 + d_2)\,(V(d_3 + d_4 + d_5 + d_6) + \varpi(d_4 + d_5 + d_6))}{H(d + d_1 + d_2 + d_3 + d_4 + d_5 + d_6)}$$

On pourrait déterminer de la même manière tous les autres sommets du polygone ; mais le côté *de* étant connu, il est inutile de se livrer à la recherche des hauteurs de ces sommets au-dessus de la droite *ah*, on peut continuer directement la construction comme il suit : on prendra $e\varepsilon = F$, on mènera la verticale $\varepsilon\varepsilon'$, alors $\varepsilon'e$ représentera en direction et en intensité le côté *ed* du polygone : cela posé, eS représentant en grandeur et en direction la force S, on joindra ε'S ; le côté *ef* sera parallèle à cette dernière ligne, et l'intensité de la compression exercée sur ce côté égalera Sε' : il doit, en effet, y avoir équilibre entre la force S et les pressions des côtés *ed*, *ef*. En suivant la même marche, on obtiendra facilement le tracé complet du polygone.

Pression sur les appuis.

8. (*Fig.* 3) Le polygone dont il s'agit étant construit, il est facile de trouver la pression exercée sur

chaque appui : en effet, *e* étant le sommet le plus
élevé, $\varepsilon\varepsilon'$ sera la composante verticale de la pression
du côté *ed* ; cette pression se combinera avec la
force R, et donnera une résultante ayant la direc-
tion *dc*, dont la composante verticale sera $\varepsilon\varepsilon' + $ R.
En continuant de la même manière, on trouvera que
la pression exercée en *a*, a pour composante verti-
cale $\varepsilon\varepsilon' + $ R $ + $ Q $ + $ P, et pour composante horizontale F, que celle exercée en *h* a pour compo-
santes S $ - \varepsilon\varepsilon' + $ T $ + $ U et F.

Le polygone ainsi déterminé est funiculaire.

9. (*Fig.* 3) Il est aisé de reconnaître une similitude
complète entre la figure que nous venons de déterminer et le polygone funiculaire : nous retrouvons
donc dans la théorie des charpentes, comme dans
celle des voûtes, ce polygone jouant un rôle prin-
cipal dans l'équilibre de ces appareils ; il y a cepen-
pendant une différence à remarquer : dans ces dernières, les voussoirs constituent les poids principaux
à supporter ; par suite, les sommets du polygone
sont à l'aplomb des centres de gravité de ces voussoirs. Dans les charpentes, au contraire, le poids de
l'appareil est une faible partie de la charge totale ;
les forces principales à équilibrer sont appliquées
aux points d'arc-boutements ; il est donc naturel de
supposer que ces derniers se trouvent à l'aplomb
des sommets du polygone funiculaire : dans ce cas,
le poids de chaque verge invariable de forme est

supposé decomposé en deux forces, parallèles agissant sur les points d'arc-boutement voisins, ce qui
est légitime.

Démonstrations de quelques théorèmes relatifs au polygone funiculaire.

10. (*Fig.* 3) Si on augmente toutes les forces
d'un polygone funiculaire dans la même proportion,
c'est-à-dire si l'on multiplie les valeurs de P, Q, R,
S, T, U par une même quantité m, la forme du polygone ne changera pas seulement la poussée F, et la
composante verticale des pressions de chaque côté
du polygone croîtra dans le même rapport.

Il s'agit, bien entendu, de deux polygones funiculaires ayant les mêmes données, et qui ne diffèrent
que par l'intensité des forces appliquées ; ces données sont une direction commune de ces forces, les
mêmes points d'appui et un sommet commun. En
général, lorsque nous dirons qu'un polygone funiculaire est donné, cela voudra dire qu'on connaît
l'intensité des forces appliquées, leur direction et
trois sommets quelconques de ce polygone. Cela posé,
soient a, h, e (*Fig.* 3) les trois sommets donnés (les
appuis sont toujours considérés comme des sommets);
décomposons chacune des forces appliquées entre h
et e en deux parallèles, agissant en ces points, et de
même chacune des forces appliquées entre a et e en
deux parrallèles agissant en ces points ; la somme
des forces appliquées alors en e, dans le premier
polygone étant V, cette même somme sera dans le

second mV ; par conséquent, la longueur $ei = $ H′ étant commune aux deux polygones, on aura :

$$F = \frac{V\partial\partial'}{H'(\partial + \partial')} \text{ et } F' = \frac{m V\partial\partial'}{H'(\partial + \partial')}$$

(en posant pour abréger $d + d_1 + d_2 + d_3 = \partial$, $d_4 + d_5 + d_6 = \partial'$) donc $F' = mF$, ou en d'autres termes, la composante horizotale du second polygone est égale à celle du premier multipliée par m.

Maintenant, si l'on construit le polygone dont la poussée est F′, comme nous l'avons indiqué (7) en remarquant que eS, $e\varepsilon$, et par conséquent $\varepsilon\varepsilon'$, sont multipliés par une même quantité m, et qu'il en est de même de toutes les autres forces, on retrouvera le tracé primitif.

11 (*Fig.* 3). Si on augmente une seule force, l'angle correspondant du polygone funiculaire augmente, et tous les autres diminuent. D'abord, la valeur de F du paragraphe (7) fait voir immédiatement que l'augmentation d'une seule force occasionne une augmentation d'intensité de la poussée, et par suite un accroissement de toutes les compressions des côtés de ce polygone. Cela posé, qu'arriverait-il, si l'angle cde, correspondant à la force R qui a augmenté, ne variait pas, le côté ef, qui est dans la direction de la résultante de la force S et de la pression ed'' se relèverait ; par la même raison, les côtés fg, gh se relèveraient également, de sorte que le polygone funiculaire passerait au-dessus du point h, et la branche opposée au-dessus du point a, ce qui

est contraire à notre supposition ; *à fortiori*, on arriverait à la même conséquence si l'angle *cde* augmentait : cet angle doit donc diminuer. Ce que nous venons de dire prouve en même temps que les autres angles augmenteront ; car la force S, par exemple, ne variant pas, et la pression *ed″* augmentant, *ef* se rapproche de *ed″*, et par suite l'angle *def* augmente. Des effets inverses se produiraient si on diminuait une des forces qui sollicitent le polygone funiculaire ; l'angle correspondant diminuerait, et les autres augmenteraient.

12. Les personnes qui ne s'étaient pas rendu un compte exact des observations consignées (2), doivent parfaitement comprendre maintenant l'intervention des arc-boutements pour équilibrer diverses forces appliquées entre deux points fixes, au moyen de la résistance de ces derniers ; l'addition d'une force horizontale suffit pour rendre cet équilibre possible (*).

(*) Nous avons observé dans le même article (2), que l'équilibre d'un système invariable de forme, sollicité par des forces verticales et appuyé sur deux points fixes, n'exige l'intervention d'aucune force étrangère. Il est à remarquer toutefois que le système reposant sur les points fixes par des éléments qu'on peut toujours considérer comme rectilignes (en substituant la tangente au point commun si le repos s'opère sur une portion courbe), les réactions de ces points sont normales à ces éléments. Trois cas peuvent alors se présenter : 1° si les efforts naturels exercés par le système sur les points fixes sont aussi normaux aux éléments dont il s'agit; 2° si les efforts naturels n'étant pas normaux, les réactions de pression et de frottement peuvent

Courbe funiculaire.

13. Une courbe pouvant toujours être considérée comme un polygone d'une infinité de côtés, nous n'avons pas à traiter spécialement le cas d'une courbe funiculaire ; en général, si l'on se donne trois points de cette ligne et la loi de répartition des forces de la pesanteur sur son développement, elle est parfaitement déterminée. Cette détermination est également complète, si l'on a la direction d'une tangente son point de contact, et un autre point quelconque : ainsi, la parabole est une courbe funiculaire dont les forces verticales sont uniformément réparties sur sa projection horizontale. Si l'on se donne, par exemple,

---

donner des résultantes égales et de signe contraire à ces efforts : dans ces deux cas évidemment on n'introduira dans le système aucune force étrangère ; 5° mais si le frottement ne pouvant se produire, les réactions de pression normales aux éléments en contact avec les points fixes, doivent équilibrer les forces appliquées à l'appareil ; il faut évidemment alors que ces deux réactions aillent concourir sur la direction de la résultante de toutes ces forces. Cette hypothèse exige forcément l'intervention d'une force étrangère, puisque cette résultante se décompose alors en deux forces qui concourent sur sa direction : on remarquera peut-être que deux directions déterminées partant de deux points également déterminés ne pourront généralement concourir sur une ligne donnée, cela est vrai, mais il arrive, dans la pratique, que l'action du frottement peut toujours s'exercer dans un certain sens pour permettre ce concours ; ainsi, si l'appareil a la forme d'un coin, le frottement ne pourra avoir lieu de haut en bas ; mais il s'exerce librement de bas en haut (il s'agit, bien entendu, d'un coin invariable de forme).

son équation sous la forme : $x^2 = 2py$, on indique que l'axe des x est tangent au sommet de cette courbe; aussi, la connaissance d'un autre point quelconque (x', y') suffit pour obtenir la seule constante indéterminée qui existe dans son équation ; on a $p = \dfrac{x'^2}{2y'}$.

Comparaison des polygones funiculaires qui résistent à la tension et à la pression.

14. (*Fig.* 3). Nous avons considéré jusqu'à présent un polygone funiculaire dont les côtés résistent à la pression. Ce que nous avons dit s'applique évidemment à la figure renversée dont les côtés seraient flexibles et inextensibles. Il y a cependant une grande différence entre les équilibres de ces deux espèces de polygones. Nous avons vu, en effet, qu'en augmentant l'effort appliqué à un sommet quelconque, l'angle correspondant diminue ; l'inverse a lieu dans le cas contraire (11). Dans les polygones dont les côtés résistent à la tension, l'effort exerce naturellement cette déformation, et par suite, l'équilibre n'est pas troublé ; mais, dans ceux dont les côtés résistent à la pression, la force qui augmente ou diminue est tellement dirigée qu'elle tend à produire un effet inverse : ainsi, le polygone *abcdefgh* étant supposé en équilibre sous l'action des forces P, Q, R, S, T, U, qu'arrivera-t-il en augmentant la force *s*, par exemple ? évidemment le point *e* descendra, et l'angle *def* augmentera ; il devrait, au contraire, diminuer pour le maintien

de l'équilibre. Un polygone funiculaire, dont les côtés résistent à la pression, est donc un appareil essentiellement instable.

Moyens d'obvier à l'instabilité d'un polygone funiculaire dont les côtés résistent à la pression.

15. (*Fig.* 3, 4) Il n'est donc pas possible d'équilibrer les actions P, Q, R, S, T, U au moyen des simples verges invariables *ab*, *bc*, *cd*, etc., il faut interposer entre ces forces des appareils un peu plus compliqués. Supposons qu'un des appareils ait la forme CBIK (*Fig.* 4) et soit composé de six verges invariables ; il est bien évident d'abord qu'il sera lui-même invariable de forme : supposons-le posé sur deux points fixes B, K, et sollicité par des forces quelconques situées dans son plan ; évidemment l'équilibre existera si toutes ces forces ont une résultante unique passant entre les points fixes et tendant à les comprimer ; en effet, cette résultante MP pourra être remplacée par ses deux composantes parallèles agissant en B et K, et celles-ci seront détruites par la résistance de ces points à tout effort qui tend à les comprimer. C'est effectivement de cette façon que s'opérera la transmission de l'effort provenant de cette résultante ; on ne pourrait pas dire, par exemple, qu'il aura lieu suivant deux droites, MK, MB, allant concourir sur sa direction ; car ce genre de décomposition introduit toujours des forces étrangères ; or il est impossible (1) que le système invariable CBKI transmette aux points fixes d'autres efforts que ceux directement appliqués ; il faudrait pour cela des arc-boutements, et nous supposons précisément qu'il n'en existe pas. La décomposition dans l'intérieur du système peut bien s'opérer d'une manière analogue à celle que nous venons d'indiquer ; mais ces efforts arrivés en B et K éprouveront toujours de nouvelles décompositions, toutes les forces étrangères pourront se réduire à deux égales et de signes contraires agissant suivant la verge BK, et il ne sera effectivement transmis aux appuis que l'action des composantes parallèles de la force P, dont il a été fait mention.

16. (*Fig.* 5) Le système ICBK peut prendre une position quelconque sans que les considérations exposées soient altérées. Ainsi, la résultante MP de la figure 5 transmettra aux points fixes K, B les efforts parallèles mK, $m'B$ absolument comme nous l'avons indiqué à l'article précédent. Le système ICBK, au lieu de reposer directement sur deux points fixes, peut s'appuyer sur un nouveau système BKAH, reposant lui-même sur les points fixes A, H, l'équilibre du premier continuera de subsister si le second peut opposer en B, K des réactions égales et contraires aux forces mK, $m'B$; or il suffit pour cela que la résultante MP de ces forces passe entre A et H, conformément aux observations de l'article précédent.

17. Quelles seront dans ce cas les pressions sup-

portées par les verges obliques qui transmettent les
efforts des points K et B à A, H ? On peut les obtenir
approximativement. Décomposons en effet la force MP
en deux autres parallèles agissant en B et H, et chacune de celles-ci en deux agissant, les premières suivant BH et BA, et les secondes suivant KH et BH,
ces quatre forces obliques ayant pour résultante MP,
comme les deux efforts mK, m'B, peuvent être considérées comme opérant la transmission de ces dernières. Cela n'est pas toutefois rigoureusement vrai ;
la décomposition précédente introduit en effet des
forces étrangères dans la compression des verges
obliques, forces qui s'équilibrent bien lorsqu'on prend
de nouveau la résultante pour reproduire MP, mais
dont l'action a cependant pour effet d'augmenter ou
de diminuer cette compression ; or, comme on peut
opérer, en général, de plusieurs manières les décompositions précédentes, chaque mode introduisant des
forces étrangères différentes donne aussi des valeurs
différentes pour les compressions cherchées. Le problème paraît donc indéterminé ; c'est un phénomène
analogue à celui des pressions exercées en un point
quelconque par un corps reposant sur un autre par
plus de trois points. Cette indétermination cesserait si
l'on supposait que les verges obliques concourant
en K transmettent l'effort mK, et de même que celles
se rencontrant en B transmettent l'effort m'B ; mais
cette hypothèse se réalise-t-elle ? le doute est permis.
Quoi qu'il en soit, si l'on essaye divers modes de décomposition, on verra qu'il en résulte des variations

peu sensibles dans les compressions des verges obliques ; on ne commettra donc pas d'erreur sensible, en
supposant la transmission opérée comme nous l'avons
indiqué en dernier lieu.

18. (*Fig.* 5) Si, outre les efforts mentionnés, les
deux points solidaires B, K du système BKHA sont
sollicités par une force S, les efforts mK, mB se combineront chacun avec la partie inconnue de la force S
qui sollicite ces points, et les résultantes seront ensuite transmises aux points H, A par l'intermédiaire
des verges obliques. Nous ignorons comment se sub-
divise cette force S ; mais il est bien certain que si
la résultante PT de MP et de S rencontre AH entre
les deux points A, H, l'addition de la nouvelle force
ne troublera pas l'équilibre : les points fixes seront
alors comprimés par les composantes parallèles de la
force T agissant en H et A. L'indécision relative à la
compression des verges obliques augmente encore
plus dans ce dernier cas ; on pourra supposer que les
points K et B transmettent, par l'intermédiaire de ces
verges, les composantes parallèles de la force T
agissant en ces points. Nous verrons d'ailleurs dans
le tracé des charpentes qu'il est peu important d'ap-
précier exactement les pressions exercées sur ces
verges obliques.

19. (*Fig.* 4) Si, au lieu de supposer le système BCIK simplement posé sur les appuis, nous ad-
mettons qu'il est invariablement lié avec eux, alors
il équilibrera toutes les forces dont la résultante P
sera située dans son plan, quelle que soit la direction

et l'intensité de cette dernière. En effet, si on applique en B une force $Q = R + P'$ et en K une force $R = \dfrac{P' \times K'B}{BK}$, ces deux forces pourront être considérées comme les composantes de P', puisque prises en sens opposé, elles lui font équilibre ; on voit que la force Q exerce en B une compression supérieure à P', et qu'au contraire, R exerce en K un effort de traction. Nous aurons l'occasion d'utiliser les appareils invariables sollicités de cette façon.

20. (*Fig.* 6) Considérons à présent le système ABG...I composé d'un assemblage de parties invariables ABB', BB'C'C, etc., et sollicité par les forces P, Q, R, S, T, U, X, appuyé d'ailleurs sur les points fixes A, I. Nous supposons bien entendu que les forces et les diverses parties du système sont situées dans un même plan vertical. A l'instant où l'appareil se met en action pour équilibrer les forces qui lui sont appliquées, les arc-boutements des diverses parties déterminent dans chacune d'elles des efforts dont les résultantes successives forment un polygone funiculaire ; ce polygone devant évidemment passer par les points fixes A, I et aussi par l'arc-boutement unique E qui s'opère sur la direction de la force S, se trouve parfaitement déterminé (7) ; il faut donc que les arc-boutements dont il s'agit soient précisément susceptibles de donner naissance dans chaque partie ABB', BB'C'C, etc..... à des résultantes égales en grandeur et en direction aux pressions qui s'exercent selon les côtés de ce

polygone : représentons ce dernier par la ligne ponctuée *AbcdEfgh*I ; l'effort d'arc-boutement E engendrera les côtés E*d*, E*f* du polygone funiculaire qui équilibreront la force S ; ce dernier côté E*f* transmettra aux points F, F' du système FF'G'G deux efforts égaux aux composantes parallèles de E*f* agissant en ces points, et ces forces seront équilibrées par l'arc-boutement qui s'opérera en F, F' ; elles se combineront à leur tour avec la force T et donneront la résultante *fg* dont les composantes parallèles agissant en G et G' seront équilibrées par la résistance de l'appareil invariable GG' HH' ; elles se combineront avec la force U appliquée à cet appareil et donneront la résultante *gh* dont les composantes en H et H' seront détruites par la résistance de l'appareil invariable HH'I, elles se combineront enfin avec la force X appliquée à cet appareil et donneront une résultante *hI* détruite par la résistance du point fixe I.

21. La portion de polygone funiculaire que nous venons de considérer étant comprise entre les deux lignes EFGHI, EF'G'H'I, les sommets d'angle de ces deux lignes résisteront tous à des efforts de pression, il suffira donc à la rigueur que les diverses parties EFF', EF'G'G, etc., reposent simplement les unes sur les autres : il en est autrement dans la partie opposée, les efforts transmis aux points C et C' de la partie CC'B'B par la résultante *dc* tendant à comprimer le point C' et à tirer le point C (19) ; si à ce dernier les appareils DD'C'C, CC'B'B sont simplement posés l'un sur l'autre, il y aura rupture par un mouvement de

rotation autour du point C′. Nous ne rechercherons pas les effets de cette rupture, parce que, dans les charpentes, les diverses parties sont reliées de manière à les éviter; mais nous constaterons, en faisant une excursion dans le domaine de la pratique, que les pièces dont se compose une charpente étant compressibles et extensibles, la partie B′C′D′ du système se raccourcira, tandis que BCD s'allongera; ce double effet ne pourra se produire sans occasionner une déformation très-sensible de l'appareil, et par conséquent sans altérer profondément l'hypothèse d'invariabilité qu'on admet en passant de la théorie à la pratique (*). Nous nous imposerons donc pour condition dans les appareils de cette forme que le polygone funiculaire soit compris entre les lignes supérieure et inférieure de son tracé.

22. (*Fig.* 7) On peut varier indéfiniment les tracés offrant les conditions de stabilité nécessaires à un établissement durable; nous ne pourrions, sans nous exposer à des longueurs, les passer tous en revue; examinons les principaux : dans l'appareil (*fig.* 7) les points fixes sont toujours deux sommets du polygone funiculaire; mais comme entre les lignes

---

(*) C'est un effet de ce genre qui se produit dans l'appareil fig. (11). Le polygone funiculaire doit passer par le point **A**, monter au-dessus de l'appareil vers la gauche et descendre au contraire au-dessous vers la droite : de là les deux flexions en sens inverse de l'arbalétrier, l'applatissement du cintre au sommet et l'augmentation de sa courbure vers les reins.

supérieure et inférieure qui constituent le système,
on peut intercaler une infinité de polygones funiculaires qui ne diffèrent que par l'intensité de la composante horizontale, le problème semble indéterminé :
il n'en est rien cependant, et ce phénomène n'est
même pas de ceux qui, déterminés dans la nature,
se refusent à une solution théorique. En effet, à l'instant où le système est chargé de poids, les réactions
croissent rapidement jusqu'à ce que l'équilibre s'éta-
blisse, ou, ce qui revient au même, jusqu'à ce que
la poussée soit développée; cette force égalera donc
le minimum de toutes les forces horizontales qui
peuvent tenir le système en équilibre; car lorsqu'elle
aura atteint cette valeur, il n'y a plus de raison pour
qu'elle continue à croître.

23. Cherchons ce minimum : on remarquera d'a-
bord que tous les sommets des lignes polygonales,
inférieure et supérieure, reçoivent à l'origine du
chargement des efforts de compression, puisque tout
le système tend à descendre sous l'action des forces
appliquées, et que les verges arc-boutent à ces divers
sommets pour empêcher ce mouvement, il en résulte
clairement que si l'équilibre est possible avec ces seuls
efforts de compression, c'est de cette façon qu'il s'é-
tablira à l'exclusion de celui qui exigerait des réactions de tension à un ou plusieurs de ces sommets.
Par conséquent le polygone funiculaire correspondant
à la poussée effective sera tout entier compris entre
les lignes inférieure et supérieure du système proposé
et de tous ceux qui peuvent avoir cette position; ce

sera celui qui correspondra au minimum de la composante horizontale. Pour le trouver, observons qu'une série de polygones funiculaires partant des mêmes points fixes, sollicités par les mêmes forces verticales et ayant des forces horizontales différentes sont enveloppés les uns par les autres de telle sorte que le polygone enveloppé a toujours une force horizontale plus grande que l'enveloppant ; en effet cette force horizontale a pour tous ces polygones une valeur de la forme $F = \dfrac{V\delta\delta'}{H(\delta+\delta')}$: or si l'on considère les sommets situés sur une même verticale quelconque les quantités δ, δ', V ayant même valeur et H désignant la hauteur de ces divers sommets au-dessus de la ligne qui joint les deux appuis, il en résulte que les sommets les plus élevés correspondent aux plus petites valeurs de F. Cela posé, si l'on construit tous les polygones funiculaires ayant pour sommets les points fixes A, G et successivement B, C, D, E, F, pour troisième sommet, celui qui correspondra à la plus petite force horizontale passera au-dessus de tous les autres et par conséquent sera tout entier en dehors du polygone ABCDEFG avec lequel il pourra avoir un ou plusieurs sommets communs; et celui qui aura la plus grande force horizontale sera tout entier au-dessous du même polygone avec lequel il pourra avoir également un ou plusieurs sommets communs. Ce dernier polygone funiculaire correspondra donc à la poussée effective du système proposé; car tous ceux qui passent au-dessus de lui sortent nécessairement

du profil du système proposé et doivent par conséquent être écartés.

24. (*Fig.* 7) Si le polygone supérieur ABCDEFG
se réduit à deux verges AM, GM venant arc-bouter à
leur point d'intersection M, et si AM, par exemple,
a la direction d'un des côtés AB′ du polygone inférieur, ce côté sera nécessairement un de ceux de la
ligne funiculaire; or, comme les trois points A, B′, G
suffisent pour déterminer cette dernière et qu'elle doit
d'ailleurs être comprise dans le profil du système dont
il s'agit, le sommet B′ de la ligne AB′C′D′E′F′G devra
correspondre au polygone funiculaire ayant pour
composante horizontale un minimum; ce polygone
doit en effet passer soit au-dessus, soit par quelques-
uns des points de la ligne inférieure, mais jamais au-
dessous de cette ligne.

Si la droite AM passait au-dessus de AB′, comme MG
passe au-dessus de GF′, le polygone funiculaire aurait un des côtés qui partent des points fixes A, G,
situé sur celle des lignes AM, GM, correspondant au
maximum de la force horizontale; son troisième sommet serait donc en F″, si celui-ci correspond à ce
maximum.

Ainsi le polygone supérieur servira toujours à déterminer l'intensité de la poussée quelle que soit la
forme de l'inférieur; il suffira que cette dernière soit
telle qu'on puisse insérer entre les deux lignes un des
polygones funiculaires convenant à la distribution des
forces sur le développement du profil.

25. (*Fig.* 8) Nous examinerons encore l'appareil

(*fig.* 8), qui repose sur ses appuis non plus par deux points, mais par quatre A, A' et H, H'; il est évident qu'il y aura encore équilibre si le polygone funiculaire passe par deux de ces points, on rencontre les appuis sur les intervalles AA', HH' : il est bien évident encore que passant par les points obligés D, E, il aura la poussée la plus faible, s'il se rapproche le plus possible de la ligne inférieure A'B'C'DEF'G'H'; le troisième sommet nécessaire à la détermination de la poussée se trouvera donc sur cette ligne, ce sera celui des points A', B', C', F', G', H' auquel correspondra le minimum de la composante horizontale (*).

26. (*Fig.* 7) Dans la pratique, ainsi que nous l'avons déjà observé, les verges employées ne sont ni incompressibles, ni susceptibles d'une résistance indéfinie; si les appareils pèchent par la résistance de certaines pièces, l'équilibre peut quelquefois se maintenir, mais ses conditions en sont alors modifiées : ainsi si la ligne supérieure AB...G est composée de verges qui n'offrent pas la résistance voulue, tandis que celles de l'inférieure présentent une grande rigidité, le polygone ABC, etc., se dérobera, pour ainsi dire, à la pression qu'il devrait supporter, soit par la compression, soit même par une légère flexion de ses pièces; alors le polygone funiculaire par une diminution de flèche, et une augmentation de sa composante horizontale, se rapprochera de la ligne inférieure avec laquelle il pourra même avoir un ou

---

(*) La ferme représentée fig. (12), est un appareil de ce genre.

plusieurs points communs. On peut donc dire que la poussée de l'appareil croîtra jusqu'à ce qu'elle rencontre dans sa marche ascendante une position d'équilibre, il n'y aura effectivement rupture que s'il n'existe aucune de ces positions.

Ponts suspendus.

27. Les considérations précédentes relatives aux *fig.* 6, 7 et 8 continuent à subsister lorsque supposant les appareils invariablement attachés aux points fixes et les verges invariablement liées à leur jonction, on admet que ces verges résistent à la tension et que les forces qui les sollicitent sont dirigés en sens inverse, ce qui revient enfin à renverser ces figures sens dessus dessous : on peut même substituer aux lignes polygonales supérieures et inférieures des cordons flexibles, puisque alors ceux-ci ne doivent détruire que des efforts de tension ; mais il est nécessaire de conserver la rigidité des verges intermédiaires pour assurer l'invariabilité des appareils partiels tels que BB'CC', et la transmission des efforts appliqués, de la ligne supérieure à l'inférieure, transmission qui exige évidemment que ces verges résistent à la pression. Ce dispositif offre le moyen de faire des ponts suspendus invariables dans le sens vertical et qui ne seraient plus sujets qu'à des déplacements horizontaux.

27 (*bis*). (*Fig.* 6) On pourrait placer, par exemple, les chaînes d'un pont suspendu deux à deux dans un même plan vertical, faire coïncider les extrémités et

le point milieu de chacun de ces systèmes (*fig.* 6 renversée) et intercaler ensuite entre elles des châssis verticaux en fonte maintenant l'écartement des deux chaînes; il est bien évident que si toutes les positions des polygones funiculaires, correspondant aux diverses charges supportées par le pont, sont comprises entre les deux chaînes, cet appareil n'éprouvera aucune déformation dans le sens vertical (sauf, bien entendu, celle résultant de l'allongement ou de l'accroissement des chaînes, mais cette déformation est insensible) et le tablier lui-même n'éprouvera plus ces oscillations qui en accélèrent la destruction. On pourrait même supprimer les chaînes et y substituer des châssis en fonte et mieux en fer boulonnés entre eux : ce système aurait l'avantage de s'opposer au mouvement de bas en haut qu'éprouvent quelquefois les tabliers par l'action des vents impétueux. Enfin il serait possible d'éviter les mouvements horizontaux occasionnés par le vent en adoptant un système de châssis cubiques évidés. Cette disposition, beaucoup plus dispendieuse, serait applicable aux viaducs des chemins de fer, qui ont besoin d'une grande invariabilité.

[illegible]

DEUXIÈME PARTIE.

Appareils variables.

28. Les charpentes peuvent être en bois, en fer ou en fonte de fer ; elles diffèrent des voûtes en ce que celles-ci sont composées de corps juxtaposés ayant des dimensions comparables dans les trois sens, tandis que les charpentes sont formées de pièces liées entre elles par des assemblages, dont la longueur est toujours bien supérieure aux autres dimensions : les voussoirs, en contact par de simples surfaces planes, donnent naissance par leurs pressions réciproques à des réactions ayant, jusqu'à un certain point, une direction déterminée ; les assemblages des pièces de charpente permettent au contraire l'établissement de l'équilibre, quelle que soit la direction des réactions.

29. Nous avons déterminé dans l'hypothèse de systèmes composés de verges rigides et inextensibles les efforts supportés par les diverses parties dont ils sont composés : quelle différence existe-t-il entre eux et une charpente ? D'abord les pièces qui composent ces dernières ne sont plus invariables de forme ; en

second lieu, leurs dimensions dans les trois sens sont finies et déterminées; examinons les modifications apportées par ces différences.

30. Il n'est pas nécessaire qu'un système soit composé de pièces rigides et inextensibles pour lui appliquer les lois de la statique, et, à plus forte raison, qu'il soit lui-même invariable de forme : ainsi, si, sous l'action de certaines forces, après avoir éprouvé un mouvement plus ou moins considérable, une charpente arrive à une position invariable et se trouve en équilibre, on peut parfaitement appliquer les lois de la statique à cette dernière position : à la vérité, une variation dans l'intensité des forces appliquées pouvant amener une nouvelle déformation, avant l'établissement d'un autre état d'équilibre; c'est le système ainsi déformé et sollicité par les nouvelles forces qu'il faudra soumettre aux règles dont il s'agit.

On commet donc une erreur en appliquant les conditions d'équilibre au projet de charpente non déformé; mais cette erreur est peu importante, si les déformations sont elles-mêmes insensibles, et cette dernière condition caractérise toutes les charpentes bien entendues. Il est d'ailleurs à remarquer que, n'opérant plus sur des lignes mathématiques, mais sur des pièces d'un équarissage fini, les charpentes présentent, même après un léger déplacement, des lignes de résistance dans les positions déterminées par la théorie, et permettent par conséquent d'appliquer cette théorie avec un grand degré d'exactitude.

31. Les pièces de charpente soumises uniquement,

soit à des efforts de tension, soit à des efforts de
pression suivant leur longueur, n'éprouvent aucune
flexion si ces charges demeurent dans les limites fixées
par l'expérience ; mais elles prennent au contraire
une courbure sensible, si ces efforts sont dirigés dans
un sens perpendiculaire, ou, ce qui revient au
même, si ces pièces doivent équilibrer à la fois des
efforts de tension et de pression : en effet, dans l'un
et l'autre cas, la pièce de charpente devant offrir en
même temps des fibres allongées et accourcies, ne
présente ces deux effets opposés que par un mouvement de flexion. Dans la théorie des appareils composés de parties invariables, nous avons fait passer
sous les yeux du lecteur divers systèmes dont les
verges rectilignes jouissaient de la propriété d'être
sollicités, soit par des efforts de tension, soit par des
efforts de pression, mais qui n'étaient jamais soumises
en même temps à ces deux effets mécaniques, ces
sortes d'appareils devront être exclusivement adoptés
dans des établissements importants.

52. Pour nous conformer aux règles tracées dans
le paragraphe précédent, il faudrait donner au profil
une forme curviligne, lorsqu'il est destiné à supporter des forces agissant d'une manière continue sur son
développement ; c'est-à-dire, établir des points d'arc-
boutement sur toute l'étendue de ce profil ; on pourra
cependant se contenter de formes polygonales, en
ayant soin de multiplier suffisamment les sommets
pour que la flexion des côtés du polygone soit à peu
près nulle.

33. La théorie des corps rectilignes et prismatiques, fibreux, enseignée dans les écoles d'application des ingénieurs, quoique ne présentant pas un grand degré d'exactitude; rectifiée cependant par de nombreuses expériences, donne dans la plupart des cas des résultats suffisamment exacts et qui méritent toute confiance; nous laisserons donc de côté, pour le moment, l'étude de ces corps afin de faciliter la lecture de notre travail aux personnes dont le temps précieux a besoin d'être ménagé. Elle fera l'objet d'une publication séparée.

Étude d'un projet de couverture.

34. Les convenances architecturales ayant fixé les dimensions de l'espace à couvrir, la première opération consiste à déterminer les matériaux dont on doit faire usage. Pour les charpentes, le bois, le fer, la fonte de fer sont jusqu'à ce jour les seules matières mises en œuvre : le lattis et la couverture qu'il supporte peuvent également être composés de matières diverses; mais nous laisserons le choix de ces dernières pour restreindre le cadre de nos études et ne nous occuperons que de la fixation des matériaux qui doivent composer la charpente proprement dite.

35. D'abord les fermes, composées suivant les règles que nous avons indiquées et que nous développerons encore, sont exclusivement composées de pièces chargées suivant leurs fibres. A cet égard, afin d'aller au-devant de toute objection, nous expli-

querons le sens attaché par nous à cette désignation
« *chargées suivant leurs fibres* » : deux verges quelconques concourant en un point et équilibrant une
force appliquée au point de rencontre sont chargées
suivant leurs fibres; nous admettrons toujours qu'en
réalité dans la nature cette force est décomposée en
deux, suivant les directions des verges : au contraire,
une force appliquée obliquement ou normalement à
la longueur d'une verge quelconque constitue un effort agissant perpendiculairement aux fibres; pourvu
toutefois qu'au point d'application de la force, cette
ligne ne reçoive pas le secours de l'arc-boutement
d'une seconde verge, car dans ce cas encore, nous
admettrons que ces deux lignes sont chargées suivant
leurs fibres. Ceci étant bien entendu, l'appréciation
de la résistance d'une pièce se réduit pour nous à
celle de ses fibres.

36. Pour fixer le choix des matériaux, il faut en
regard de la résistance des corps tenir compte de
leur prix.

On peut admettre à cet effet les résultats suivants
comme moyennés :

1 mètre cube de bois pèse 800 kilogr., coûte 80 fr.
mis en œuvre, et offre une résistance de $0^k,40$ par
millimètre carré (à la compression).

1 mètre cube de fonte pèse 7500 kilogr., coûte
3000 fr. mis en œuvre, et a une résistance de
20 kilogr. par millimètre carré de section.

1 mètre cube de fer pèse 7800 kilogr., coûte

6240 fr. mis en œuvre, et offre une résistance de 10 kilogr. par millimètre carré.

La résistance du bois à l'extension est de 4 kilogr. par millimètre carré, celle de la fonte, 2^k,70, et celle du fer, de 10 kilogr.

Il résulte clairement de ces données que pour résister à la compression il faudra employer le bois ou la fonte, et à l'extension le bois ou le fer. Occupons-nous d'abord de la résistance à la compression.

37. Si le bois coûte 37,50 fois moins que la fonte, sa résistance est en compensation 50 fois plus petite, il y a donc grand avantage à employer ce métal, surtout si on tient compte de sa supériorité sous le rapport de l'incombustibilité, de la durée et de l'homogénéité. Toutefois la résistance à la compression n'atteint les valeurs mentionnées que si le rapport de la longueur du corps prismatique à sa plus petite dimension transversale ne dépasse pas le nombre 12. Or, lorsqu'il s'agit de légères compressions, les pièces qui composent la ferme, si elles sont en fonte, ont de si faibles sections que leur plus petite dimension transversale peut être une très-faible fraction de leur longueur : si cette fraction est comprise entre le 24e et le 48e, ce métal ne peut plus supporter qu'une compression de 3^k,33 par millimètre carré : dans les mêmes circonstances, le bois peut conserver les proportions convenables pour rester dans les limites de la plus grande compression (0^k,40 par millimètre carré); sa résistance est donc alors 8,33 fois plus petite que celle de la fonte; mais comme il coûte

37,50 fois moins ; en résumé, pour la même résistance, le prix de la charpente en bois sera 4,50 fois plus petit.

Exemple : une des pièces de la ferme, de $2^m,60$ de longueur, doit recevoir une compression suivant les fibres de 20000 kilogrammes ; si elle est en bois, le côté du carré de sa section transversale égalera $\sqrt{\dfrac{20000}{0,40}} = 224$ millimètres ; cette dimension multipliée par 12 donne $2^m,69$; par conséquent le solide dont il s'agit se trouve dans les limites du maximum de résistance. Le côté du carré de la section en fonte, en supposant la résistance de $3^k,33$ par millimètre carré, sera $\sqrt{\dfrac{20000}{3,33}} = 77$ millimètres ; cette dimension étant le 34e de la longueur du corps, la charge de compression ne peut effectivement pas dépasser les limites que nous lui avons assignées ; ainsi dans ce cas, la charpente en bois coûterait 4,50 fois moins que l'autre.

38. Il est vrai de dire qu'il serait possible, dans ces circonstances, de rendre à la fonte sa supériorité en donnant à la section transversale une forme qui en augmente artificiellement les deux dimensions : les tubes creux à sections circulaires ou rectangulaires, les sections présentant la forme d'une croix, etc., etc., pourront être employées avec avantage : il sera cependant difficile d'utiliser économiquement la fonte pour les pièces de remplissage, croix de Saint-André,

moises, etc., qui ont toujours à vaincre des résistances très-petites.

39. La fonte présente encore un autre genre de supériorité, c'est de fournir à résistances égales des appareils beaucoup plus légers que le bois : nous avons vu, en effet, que ce métal porte cinquante fois plus que le bois; ainsi, pour résister à la même compression, il faudra 50 mètres cubes de bois, ou un mètre cube de fonte; ou $50 \times 800 = 40.000$ kilogrammes de bois et 7,500 kilogrammes de fonte; le premier appareil pèsera donc 5,33 fois plus que le second. Ce résultat peut aussi être modifié par des considérations analogues à celles que nous venons de présenter et sur lesquelles nous ne reviendrons pas.

On peut, comme nous allons le faire voir, exécuter un projet de ferme indépendamment de la matière à employer; après avoir fait cette étude, il conviendra d'envisager les deux substances aux divers points de vue que nous venons d'indiquer, et de se décider, dans chaque cas particulier, pour la plus avantageuse.

40. La résistance à l'extension étant la même, quelle que soit la longueur des pièces essayées, la comparaison n'offre pas le même degré de complication. La résistance du fer est dix fois plus grande que celle du bois, mais aussi il coûte 78 fois plus, de sorte qu'à résistances égales, un tirant en bois coûtera 7,80 fois moins cher qu'un tirant en fer : ainsi les substances ligneuses devront généralement être préférées au fer dans le plus grand nombre de cas.

Projet d'une ferme.

41. Ordinairement le lattis de la couverture repose sur un chevronnage porté lui-même par des pannes appliquées sur les fermes : c'est là une complication que rien ne légitime; pourquoi cet intermédiaire entre les pannes et le lattis? Il a pour but, je ne l'ignore pas, d'obvier au trop grand espacement des pannes ; mais doublez, triplez le nombre de ces derniers, si c'est nécessaire, et votre objection disparaît; et remarquez que vous pouvez doubler, tripler ce nombre sans augmenter d'un atome le cube du bois des pannes, en opérant la division dans la largeur de ces pièces sans toucher à la hauteur. On peut donc soit économiser intégralement le cube du chevronnage, soit employer une portion ou la totalité de ce cube à augmenter l'épaisseur du lattis : ce dernier étant alors susceptible d'une plus grande durée et garantissant mieux le vaisseau des intempéries, nous admettrons cette hypothèse. Nous donnerons donc en général au lattis trente-cinq millimètres d'épaisseur ; cette dimension permettra d'espacer horizontalement les pannes de $1^m,50$ d'axe en axe, même pour les couvertures les plus lourdes et les plus inclinées.

42. Ainsi les points d'application des forces verticales des appareils projetés sont également espacés et par conséquent aussi sollicités par des forces égales. D'ailleurs les points d'appui étant supposés de niveau, sans faire d'autre hypothèse sur la forme de

l'appareil, si l'on réunit toutes ces forces par un polygone quelconque, on pourra immédiatement obtenir
diverses relations entre les quantités qui constituent la
valeur de la poussée; elles faciliteront beaucoup les
calculs des applications particulières : l'expression de
cette composante est $F = \dfrac{P \delta \delta'}{H(\delta + \delta')}$, ($\delta$ et δ' désignant
les distances horizontales du sommet considéré aux
appuis, H sa hauteur au-dessus de la droite qui joint
ces deux appuis, P la somme des forces sollicitant la
verticale qui passe par le sommet considéré, après
avoir décomposé tous les poids appliqués au système
en deux agissant sur cette verticale et sur l'appui opposé).

Soient d la distance horizontale entre deux forces
consécutives, p l'intensité de chacune d'elles, m et m'
le nombre de ces forces comprises entre le sommet
considéré et chacun des appuis; la somme des forces
appliquées à ce sommet après les décompositions de
tous les poids du système en deux agissant sur ledit
sommet et sur l'appui opposé, sera :

$$P = p + \frac{pmd}{(m+1)d} + \frac{p(m-1)d}{(m+1)d} + \dots + \frac{pm'd}{(m'+1)d} + \frac{p(m'-1)d}{(m'+1)d} + \dots$$

en remarquant qu'on aura alors :

$$\delta = (m+1)d, \quad \delta' = (m'+1)d,$$

cette valeur se réduit à

$$P = p\left(1 + \frac{m + \overline{m-1} + \overline{m-2} + \dots + 1}{m+1} + \frac{m' + \overline{m'-1} + \overline{m'-2} + \dots + 1}{m'+1}\right)$$

mais la progression arithmétique

$$m + \overline{m-1} + \overline{m-2} + \ldots + 1 = \frac{m(m+1)}{2};$$

substituant, il vient : $P = p\left(1 + \dfrac{m}{2} + \dfrac{m'}{2}\right)$ et comme la somme $m + m'$ est constante puisqu'elle désigne le nombre de forces verticales appliquées à la ferme moins une, en appelant $2n + 1$ le nombre total de ces forces, on aura $m + m' = 2n$ et $P = p(n+1)$: ainsi la valeur de P ne change pas quel que soit le sommet considéré.

43. On sait que le produit $\delta\delta'$ de deux nombres variables dont la somme $\delta + \delta'$ est constante, est le plus grand possible lorsque ces deux nombres sont égaux et est le plus petit possible lorsque l'un des facteurs est le plus petit, et, par conséquent, l'autre facteur le plus grand possible. Il suffit, en effet, de se rappeler que le produit des deux lignes δ, δ' représente un rectangle, et que de tous les rectangles à périmètres égaux, le carré est celui qui présente la plus grande superficie, et le rectangle le plus allongé celui qui présente la moindre. Ainsi la plus grande valeur du produit $\delta\delta'$ correspondra au sommet du milieu et ce produit sera d'autant plus petit que le sommet considéré s'éloignera davantage de ce milieu.

Il y a donc dans la valeur de F deux quantités constantes P et $\delta + \delta'$ pour tous les appareils ayant les mêmes forces verticales également espacées et égales, et deux quantités variables $\delta\delta'$, H qui sont toutes les deux d'autant plus grandes que le sommet considéré est plus rapproché de celui du milieu. Le maximum et le minimum de F dépendent donc dans chaque appareil du maximum et du minimum du rapport $\dfrac{\delta\delta'}{H}$.

44. (*Fig.* 9.) Supposons par exemple qu'il s'agisse de construire une ferme composée de deux arbalétriers et d'un polygone inférieur réuni à l'arbalétrier par un système de moises pendantes et de croix de Saint-André à peu près conforme à l'appareil que nous avons examiné (24). Posons en chiffre les données du problème :

Portée de la ferme, 24^m,00 ; inclinaison des arbalétriers, deux de base pour un de hauteur ; espacement horizontal entre deux pannes consécutives d'axe en axe, 1^m,50 ; poids d'une portion de couverture projetée sur un mètre carré de surface horizontale, 200 kil. ; espacement des fermes, 4^m,00.

On suppose que les 200 kil. comprennent le poids de toute la toiture ferme comprise et même les surcharges accidentelles occasionnées par les intempéries, telles que pluie, neige, etc. (En France, dans les climats moyens, les couvertures en tuiles posées à sec réalisent assez bien cette hypothèse. Généralement le poids de la ferme est inégalement réparti sur son développement ; mais comme il est une fraction très-faible de la charge totale de la couverture, cela n'altère pas sensiblement l'uniformité de répartition que nous avons supposée).

45. Cela posé, on pourrait se donner à volonté la ligne inférieure et la réunir ensuite avec les arbalétriers par des moises et des croix de Saint-André; il suffirait pour qu'il y eût équilibre qu'on pût intercaler dans l'aire du profil les divers polygones funiculaires répondant aux variations des charges qui peuvent solliciter la ferme : mais il est avantageux de réduire le plus possible cet aire, afin de diminuer la longueur des pièces de remplissages (moises et croix de Saint-André). Remarquons dans ce but que les dimensions verticales des pièces qui composent l'appareil, sont assez fortes pour permettre d'appuyer directement les arbalétriers sur le polygone inférieur et de choisir pour ce dernier la forme funiculaire (*). Posons, par exemple, $\delta = 1^m,50$, $\delta' = 22^m,50$ et $H = 0^m,75$, comme nous avons d'ailleurs $n = 7$ et $p = 4 \times 1^m,50 \times 200 = 1200$; les formules

$$F = \frac{P\delta\delta'}{H(\delta + \delta')} \text{ et } P = p(n + 1)$$

donneront $P = 9600$ et $F = 18000$. Cette poussée est considérable, on peut la diminuer un peu en prenant pour troisième sommet un point plus rapproché du milieu, celui à $4^m,50$ de l'extrémité par exemple : on aura toujours $n = 7$, $p = 1200$ et $P = 9600$; mais

---

(*) Malgré ce rapprochement des deux lignes, les polygones funiculaires répondant aux forces accidentelles qui peuvent se développer, seront encore compris dans l'aire du profil.

alors $\delta=4^m,50$, $\delta'=19^m,50$, $H=2^m,25$, et $F=15600$.
(La hauteur $H=2^m,25$ est la plus grande qu'on puisse
se donner, l'arbalétrier étant incliné à deux sur un,
il faut que H ne soit jamais plus grand que 1/2 δ).
Pour construire le polygone funiculaire, prenons
(*fig.* 9), $ab=15600$, $bc=600$, $cd=de=ef=fg=$
$gh=hi=ij=1200$; les directions ca, da, ea,
fa, etc., seront parallèles aux côtés du polygone
cherché, les longueurs comprises entre le point a et
c, d, e, f, g, h, i, j, représenteront de plus l'intensité
des pressions supportées par les côtés correspondants
dudit polygone; ces pressions étant l'hypoténuse de
divers triangles rectangles dont les deux côtés sont
connus pourraient aussi être données numériquement,
la plus petite d'entre elles serait $\sqrt{(15600)^2+(600)^2}=$
15611 kil. et la plus grande $\sqrt{(15600)^2+(9000)^2}=$
18010^k. Si la ferme est construite en bois supportant
0^k,50 par millimètre carré, l'équarrissage du premier
devra donc être $\sqrt{15611\times 2}=177$ millimètres; la
section carrée de ce côté du polygone aura donc environ 18 centimètres de côté; l'équarrissage de l'autre
sera $\sqrt{18010\times 2}=190$ millimètres; la différence
entre ces dimensions extrêmes étant de un centimètre
seulement, on pourra adopter pour tous les côtés une
section carrée de 0^m,19.

46. L'arbalétrier n'ayant à supporter que des
compressions très-faibles, ainsi que nous le ferons
voir, on peut réduire sa section à 0^m,10 de côté;
cette pièce s'appuiera, soit sur un des côtés, soit

sur un des sommets du polygone ; pour construire ce
dernier, on se donnera les deux points fixes j' et m ;
on mènera $j'i'$ parallèle à aj, $h'i'$ parallèle à ia, $h'g'$
parallèle à ah, $f'g'$ parallèle à ag, etc. ; on prendra
ces lignes pour axes de pièces de $0^m,19$ d'équarissage, et on appuiera sur ces pièces un arbalétrier incliné à 2 sur 1, et ayant, comme nous l'avons dit,
$0^m,10$ d'équarissage. Les trois ou quatre côtés du
polygone funiculaire, voisins du point d'appui de
l'arbalétrier, s'écartant très-peu de cette dernière
pièce, on remplira exactement les intervalles avec des
morceaux de bois taillés suivant le patron du vide ;
cela fait, on fixera chaque côté à l'arbalétrier au
moyen de deux boulons : la solidarité des deux lignes de l'appareil sera complétée par des moises
pendantes et des croix de Saint-André. Les axes
des premières seront à l'aplomb des axes des
pannes et ceux des secondes, dirigés suivant les dia-
gonales des quadrilatères formés par les axes :
1° des côtés du polygone funiculaire ; 2° de l'arbalétrier ; et 3° des moises pendantes. Ces pièces de remplissage n'ayant également à vaincre que de très-
faibles pressions auront, comme l'arbalétrier, $0^m,10$
d'équarissage.

47. Avant de continuer les détails de construction
de l'appareil proposé, examinons les effets produits
par les surcharges accidentelles. Remarquons d'abord
que l'arbalétrier et les pièces de remplissage ayant
un très-faible équarissage refuseront en général la
charge de pressions considérables (26), et celles-ci

se reporteront forcément sur le polygone inférieur : ainsi, quelles que soient la disposition et l'intensité des charges accidentelles, le polygone funiculaire relatif à chaque système de force sera celui dont les extrémités coïncideront avec ceux du polygone construit et dont le troisième sommet sera également un de ceux de ce dernier correspondant au minimum de la composante horizontale (23) (*). L'équilibre subsistera donc si ce polygone ne passe pas au-dessus des arbalétriers, et si, de plus, il est assez rapproché des pièces qui composent le polygone primitif pour qu'en effectuant les décompositions sur les autres pièces, celles-ci ne soient pas chargées d'un poids supérieur aux pressions que peuvent supporter leur équarrissage.

48. Cela posé, remarquons que les charges accidentelles sont de plusieurs sortes : 1° les unes, telles que la pluie, la neige, surchargent également toutes les pannes et ne changent pas la forme du polygone funiculaire; ainsi, dans ce cas, comme dans l'état normal, ce dernier supportera à peu près complétement toute la charge du système; 2° d'autres, composées des ouvriers et des matériaux montés pour réparer la

---

(*) La poussée du polygone dont il s'agit, est véritablement une limite supérieure; lorsque les équarrissages des parties supérieures de la ferme pourront résister aux pressions développées par un polygone funiculaire ayant une poussée moindre, c'est effectivement ce dernier qui correspondra à l'équilibre du système.

couverture, peuvent occasionner sur une panne une
surcharge de 300 kilogr. au plus, si l'on opère
comme il convient : eh bien! cette surcharge modifie
à peine la forme du polygone; enfin, le vent agit
également pour changer la forme du polygone funiculaire; cette cause déformatrice est la plus considérable. Examinons-la avec attention. Les tempêtes
les plus impétueuses exercent sur 1 mètre carré de
surface perpendiculaire à leur direction un effort de
$54^k,16$. En supposant la direction du vent horizontale
et la proportionnalité aux sinus de l'angle d'incidence,
pour les directions obliques, l'effort sur 1 mètre
carré de la couverture considérée qui fait à peu près
un angle de 27° avec l'horizon, sera $54,16 \times 0,45 =$
$24^k,37$. Ainsi, le versant exposé au vent reçoit
par mètre carré un effort horizontal de $24^k,37$; chaque panne transmettant à la ferme l'action exercée
sur $6^{m.\,car.}73$ de couverture, les sommets correspondants du polygone funiculaire sont sollicités par
un effort vertical de 1200 kilogr. et par une force
horizontale $24,37 \times 6,73 = 164^k$, dont la résultante est, comme on voit, une force oblique inclinée
au 1/8 environ sur la verticale, et dont l'intensité
égale $\sqrt{(1200)^2 + (164)^2} = 1211$. Ainsi, la direction des forces nouvelles diffère peu de celles des
primitives, et la variation de leur intensité est à peine
sensible : toutefois, si la pente du toit était très-raide,
il n'en serait pas ainsi; il convient donc d'indiquer
le moyen de construire le polygone funiculaire relatif
à ces nouveaux efforts.

49. (*Fig. 9*) Remarquons d'abord que toutes les forces sollicitant les sommets du côté du vent étant augmentées, les angles correspondants du polygone funiculaire seront plus aigus, et que l'inverse aura lieu pour les sommets du versant opposé au vent; puisque là les forces verticales ne changent pas et que d'ailleurs la force horizontale du nouveau polygone est supérieure à celle du premier. Par conséquent (en supposant l'action du vent sur le versant gauche) le demi-polygone de ce côté compris entre le point milieu b' et l'appui m aura une flèche plus grande que le primitif; au contraire, le demi-polygone qui remplacera celui $b'c'd'e'f'g'h'i'j'$ aura une flèche plus petite. Le point i' sera donc le seul sommet qui puisse être commun entre le polygone primitif et le nouveau, sans que ce dernier passe partiellement au-dessous du premier (*); ce point correspond donc au minimum de la composante horizontale.

50. Cela posé, pour construire le polygone dont

(*) Si en effet on choisissait pour troisième sommet un point quelconque n du demi-polygone de gauche, comme les angles du nouveau polygone, sont plus petits que ceux de l'ancien, la partie correspondante à $nq...m$ passerait au-dessus de cette ligne pour rejoindre le point m. et par suite l'autre partie passerait au-dessous de $nr....b'$: de même, en choisissant un sommet quelconque g' du demi-polygone de droite, on ferait voir que le nouveau passerait au-dessous de l'ancien de g' en j'. Le point i', au contraire, est tel que le nouveau polygone monte plus rapidement que le premier de j' en b', et descend plus rapidement de b' en m.

il s'agit, on décomposera toutes les forces comprises entre le point i' et l'appui de gauche m en deux agissant en ces points ; après avoir pris la résultante de tous les efforts qui sollicitent alors le point i', on la décomposera en deux agissant suivant les directions $i'm$, $i'j'$; cette dernière représentera l'intensité de la pression du côté $i'j'$ du nouveau polygone, et comme il y a équilibre au sommet i' entre : 1° cette dernière, 2° la force verticale de 1200 kil. agissant en ce point, et 3° la pression du côté du nouveau polygone situé entre les verticales h' et i', ce dernier sera facile à déterminer en grandeur et en direction : on prolongera pour cela $j'i'$ vers h' ; on prendra sur ce prolongement, à partir de i', une longueur proportionnelle à l'intensité de la pression de ce côté ; on prendra également, à partir du même point, sur la verticale, mais de bas en haut, une longueur proportionnelle à 1200 kil., joignant les extrémités de ces lignes, on formera un triangle dont ce troisième côté représentera, en grandeur et en direction, le côté du nouveau polygone cherché, menant donc par le point i' une parallèle à cette ligne, on aura la position de ce côté. La construction peut se continuer de la même manière jusqu'à la fin, et donne un polygone qui ne diffère pas sensiblement du primitif, dans le cas dont il s'agit ; nous ne l'avons pas effectuée sur l'épure, à cause de cette faible différence qui introduirait de la confusion dans le dessin.

51 (*Fig.* 9) Les considérations que nous venons d'exposer soulèveront sans doute quelques objec-

tions ; les théorèmes dont nous nous sommes servis , dira-t-on , s'appliquent à des polygones sollicités par des forces verticales seulement. Nous répondrons d'abord que la démonstration (7), qui prouve qu'on peut substituer à un polygone funiculaire quelconque un autre polygone également funiculaire, et d'un nombre de côté moindre, sans troubler l'état de compression des côtés conservés dans celui-ci, est indépendante de la direction des forces qui sollicitent le système. Ainsi, il est bien vrai que la compression du côté $i'j'$ sera la même dans le système $mi'j'$ que dans celui $j'i'h'g'f'\ldots\ldots m$, le point i' étant sollicité dans le premier, comme nous l'avons indiqué , quelle que soit la direction des forces qui agissent sur le second.

52. Nous remarquerons ensuite qu'en portant $no = 1200$ kil. $op = 164$ kil., et joignant np, cette ligne représente bien en grandeur et en direction la force qui sollicite le sommet n lorsque l'action du vent existe ; et il est bien clair que cette action tend à diminuer les pressions des côtés du demi-polygone de gauche et à augmenter celles du demi-polygone de droite (*). Cependant, si le demi-polygone de

---

(*) La direction du vent tend en effet à diminuer la poussée du demi-polygone de gauche et à augmenter celle de l'autre demi-polygone : or ces poussées modifiées sont les composantes horizontales des pressions des côtés de chaque nouveau polygone correspondant; les forces verticales ne changeant pas, ces pressions doivent donc être modifiées comme nous l'avons indiqué.

gauche restait tel qu'il est, il en résulterait au contraire que toutes les pressions de ses côtés augmenteraient. En effet, les parallèles à nr, nq, menées par l'extrémité p, forment avec ces lignes un parallélogramme dont les côtés sont plus longs que ceux obtenus en menant les parallèles par l'extrémité o ; il faut donc que l'angle qnr diminue de telle façon que les côtés du nouveau parallélogramme, formé sur ces lignes avec la diagonale np, soient plus petits que ceux du parallélogramme formé sur les anciennes lignes nq, nr avec la diagonale no. Par des raisons inverses, les pressions du demi-polygone de droite augmentant, et les forces verticales qui sollicitent ses sommets ne changeant pas, les angles doivent augmenter.

53. (*Fig.* 9) L'action du vent augmentera évidemment la poussée au point j' et la diminuera en m. L'intensité de cette dernière est facile à obtenir ; il suffira : 1° de composer en une seule toutes les forces qui agissent en m, après avoir décomposé chacune de celles intermédiaires entre m et i' en deux agissant en ces points ; 2° de prendre la composante horizontale de cette résultante ; 3° de retrancher cette force horizontale de celle de la composante aussi horizontale de $i'm$ du système $mi'j'$. Quant à la poussée au point j', ce sera simplement la composante horizontale de la pression $i'j'$ du système $mi'j'$.

54. Revenons maintenant à la construction de la ferme. La précision et la rigidité des assemblages ont une grande importance dans les appareils où des

efforts de tension et de pression agissent à la fois pour les déformer (24) ; mais, dans les fermes soumises à des efforts de pression seulement, les plus simples sont toujours les meilleurs ; ainsi, nous n'emploierons guère que des assemblages à mi-bois, quelques embrèvements, presque jamais des tenons et mortaises, et nous proscrirons complétement les autres : l'important est d'assurer l'assiette des pièces les unes sur les autres, bout à bout ; eh bien, les assemblages compliqués remplissent rarement cette condition. Les côtés du polygone seront donc simplement réunis à mi-bois, et fixés par un boulon qui traversera aussi les moises. Pour racheter la différence d'épaisseur de $0^m,09$ entre les côtés du polygone et l'arbalétrier, les moises pendantes seront entaillées sur $0^m,045$ d'épaisseur du côté du polygone et affleureront par conséquent de l'autre côté l'arbalétrier, avec lequel elles seront ainsi réunies par un boulon ; elles le dépasseront d'ailleurs, afin d'assurer l'assiette horizontale de la panne correspondante ; les extrémités des croix de Saint-André, engagées entre les moises pendantes, arc-bouteront avec le polygone et l'arbalétrier par de légers embrèvements ; un tenon et une mortaise maintiendront les autres extrémités dans leur position ; à leur intersection une entaille à mi-bois et un boulonnet compléteront l'organisation de ces croix.

55. (*Fig.* 9) On pourrait, sur la ferme ainsi construite, placer des pannes ordinaires ; il faudrait avoir soin de mettre la ligne milieu de la face inclinée sur

périeure dans le plan des axes des moises correspondantes ; l'espacement des fermes étant de quatre mètres, ces pannes devraient avoir 0^m,18 sur 0^m,20 d'équarrissage. Mais il y aurait à cela deux inconvénients : d'abord, la grosseur de ces pannes ne s'harmoniserait pas avec la légèreté des parties supérieures de la ferme ; en second lieu, le système devrait alors être complété par des moises horizontales réunissant les fermes entre elles pour empêcher le polygone de se déverser.

56. On peut y substituer avec avantage le système suivant : Les pannes ayant les faces supérieures délardées, suivant la pente du toit et les faces latérales verticales, sont assemblées à tenon et mortaisés avec les moises pendantes, sur lesquelles elles reposent horizontalement ; elles sont soutenues au tiers de leur longueur par des contre-fiches s'appuyant sur les moises pendantes : ces contre-fiches ont le double avantage de diminuer la portée de la panne et d'empêcher le devers de la ferme. On fera peut-être à ce système de pannes l'objection suivante : (*Fig.* 10) l'assimilant à deux triangles accolés soutenus par un point fixe *a*, on dira si les charges en *b* et *c* sont égales, il y aura en effet équilibre ; mais si l'inégalité se manifeste, le système tendra à tourner autour du point *a*. L'assimilation n'est pas exacte : supposons en effet le point *b* surchargé, le point *c*, pour remonter, devrait vaincre la résistance de la panne *ac* à la flexion de bas en haut ; eh bien ! cette résistance est aussi forte que celle de haut en bas ; il faudrait donc

d'un côté un surcroît de charge égal au poids que supporte normalement la panne, ce qui n'a jamais lieu.

57. La pose de ces contre-fiches se fera sans tenons ni mortaises ; de légers embrèvements faciliteront l'arc-boutement de ces pièces avec les moises et les pannes ; elles seront d'ailleurs maintenues en position, en clouant à la partie inférieure sur les flancs des moises et des contre-fiches jumelles des bouts de planche en chêne de $0^m,027$ d'épaisseur, et en réunissant de la même façon la partie supérieure avec la panne. Lorsque l'intervalle entre l'arbalétrier et le côté du polygone sera très-petit, on augmentera l'action de la contre-fiche en la réunissant à la panne par un plancher continu en chêne de $0^m,027$ d'épaisseur.

58. La ferme que nous venons de décrire peut subsister avec ou sans tirant. Dans ce dernier cas, elle portera simplement soit sur une plate-forme en bois, soit sur une sablière, soit enfin sur une pierre de taille. Il conviendra alors d'embréver le pied de la ferme dans son support. Dans le premier cas, le tirant sera en bois ou en fer ; s'il est en bois, les pieds de la ferme seront reliés avec lui comme à l'ordinaire, c'est-à-dire par embrèvements, tenons, mortaises et boulons ; son équarrissage sera calculé de la manière suivante : la résistance du bois à l'extension étant de 1 kil. par millimètre carré, et la poussée de la ferme égalant 15600 kil., le côté du carré de la section du tirant sera $\sqrt{0,015600} = 0^m,125$; toutefois, il importe

d'observer qu'à la jonction du tirant et de la ferme,
il se développera un effort de compression ; il faudra
donc toujours s'assurer que cet effort sera maintenu
dans les limites de $0^k,50$ par millimètre carré de
la section d'appui. Dans la plupárt des cas, on ne
réalisera cette condition qu'en augmentant la force
du tirant. La section d'un tirant en fer s'obtiendra par
le même procédé ; s'il s'agit d'un fer rond, on aura,
en désignant le rayon par R, $\Pi R^2 = \dfrac{0,015600}{10}$, d'où

$R = \sqrt{0,000498} = 0,0225$; il faudra donc employer un fer rond de 45 millimètres de diamètre.
Les assemblages étant toujours une cause d'affaiblis-
sement, ce tirant devra être d'une seule pièce ; il
traversera les extrémités de la ferme obliquement, et
sera serré derrière à vis et écrou. La rondelle entre
l'écrou et le bois aura une section suffisante pour
comprimer ce dernier au maximun de $0^m,50$ par millimètre carré ; les extrémités du tirant devront avoir
un diamètre assez fort pour que l'effort de pression
sur le pas de la vis par l'écrou soit au maximum de
10 kil. Ce grossissement s'obtiendra soit en refoulant
le fer, soit en y soudant une partie supplémentaire.
Il sera avantageux de substituer à la rondelle un sabot
en fonte qui embrassera de toute part l'extrémité de
la ferme.

59. Si l'on voulait construire la même ferme en
fonte, on trouverait 9 centimètres carrés $(0^m,0009)$
pour la section du côté le plus comprimé du polygone : or, comme il n'est pas possible d'employer

cette matière avec des épaisseurs inférieures à $0^m,015$ dans des appareils importants, et qu'avec cette épaisseur on ne pourrait obtenir des sections évidées dont les dimensions transversales fussent supérieures au $\frac{1}{24}$ de l'équarrissage, il en résulte une infériorité bien constatée (37) pour ce métal employé à l'établissement dont il s'agit.

60. Lorsque les pressions considérables que doit équilibrer l'appareil rendent l'emploi de la fonte avantageux, on forme les quadrilatères d'une seule pièce renforcée de nervures intérieures ; l'invariabilité de ces quadrilatères ainsi assurée permet de supprimer les croix de Saint-André : ils sont réunis les uns aux autres par des surfaces verticales de joints qui remplacent les moises pendantes ; on ménage à la partie supérieure des cavités pour recevoir les pannes ; la face supérieure de la ferme peut alors affleurer le plan inférieur du lattis ; de cette façon le quatrième côté du quadrilatère en fonte étant contigu à ce lattis et pouvant même en être rendu solidaire, n'aura qu'une section à dimensions transversales réduites. Nous ne nous arrêterons pas plus longtemps à ces dispositions de détail ; MM. les ingénieurs et architectes suppléeront avec la plus grande facilité à nos omissions à cet endroit.

Détermination de la longueur du polygone funiculaire et du mouvement vertical d'un sommet quelconque.

61. (*Fig.* 9) Les deux triangles jab, $j'i's$ étant semblables, on aura $i'j' : j's :: ja : ab$; en posant $j's = \varepsilon$, $ab = F$, $aj = A$, $ai = B$, $ah = C$, etc., on aura $i'j' = \dfrac{A\varepsilon}{F}$, de même $i'h' = \dfrac{B\varepsilon}{F}$, $h'g' = \dfrac{C\varepsilon}{F}$, et ainsi de suite, de sorte que $i'j' + i'h' + h'g' + \ldots + b'c' = S = \dfrac{\varepsilon}{F}(A + B + C + D + E + G + H + K)$, en désignant par 2S la longueur cherchée du polygone funiculaire ; mais nous avons

$$K = ac = \sqrt{F^2 + \frac{1}{4}p^2}$$

(p désignant l'intensité des forces égales appliquées à chaque sommet du polygone ; elles sont représentées sur la figure par les distances $cd, de, ef, \ldots$.), de même

$$H = \sqrt{F^2 + \frac{9p^2}{4}} = ad;$$

$$G = \sqrt{F^2 + \frac{25p^2}{4}} = de; \quad E = af = \sqrt{F^2 + \frac{49p^2}{4}},$$

et ainsi de suite. La substitution de ces valeurs dans l'équation précédente donnera l'expression de S en fonction de quantités complétement connues.

Cette démonstration s'applique évidemment non-seulement au cas particulier mentionné, mais à toutes espèces de polygones ; seulement alors dans l'expression de la longueur de chaque côté ε désigne la distance horizontale entre ses extrémités, et le second terme de la quantité sous le radical représente la composante verticale de la pression de ce même côté : en désignant par $\varepsilon_1, \varepsilon_2, \varepsilon_3, \ldots$ ces distances horizontales et par $p_1, p_2, p_3, \ldots$ ces composantes verticales, on aura :

$$S = \frac{1}{F}\left(\varepsilon_1 \sqrt{F^2 + p_1^2} + \varepsilon_2 \sqrt{F^2 + p_2^2} + \varepsilon_3 \sqrt{F^2 + p_3^2} + \ldots\right)$$

S'il s'agit d'une ligne funiculaire dont la projection horizontale d'un côté quelconque est égale à une quantité très-petite dx, en prenant pour origine des coordonnées une des extrémités de cette ligne, on aura :

$$S = \int_0^l \frac{1}{F} \sqrt{F^2 + p^2} \cdot dx$$

l désignant la distance horizontale entre les points d'appui : cette expression sera toujours intégrable lorsqu'on se donnera p en fonction de x.

62. Pour déterminer le déplacement vertical d'un sommet quelconque du polygone funiculaire, il faut poser quelques principes préliminaires. Les matériaux employés dans les constructions se compriment ou s'allongent par l'effet de la pression ou de la tension. Dans les limites de l'élasticité, ces compressions et tensions sont proportionnelles à la longueur L du corps expérimenté, à l'intensité P de l'effort appliqué et en raison inverse de la section normale O ; en désignant donc par λ l'accourcissement dont il s'agit, et par E celui opéré sur un corps prismatique d'une longueur et d'une section égales à l'unité par un effort

aussi égal à l'unité, on aura :

$$\lambda = \frac{LPE}{O}$$

63. Un polygone funiculaire qui résiste à la tension s'allonge de telle façon qu'après avoir éprouvé les efforts auxquels il est soumis, il reste encore funiculaire (ce fait est démontré par toutes les expériences faites sur ces appareils, les chaînes des ponts suspendus en offrent des exemples journaliers). Si l'on prend en sens inverse les forces qui sollicitent ce dernier, et si on le retourne sens dessus dessous en supposant que les côtés résistent alors à la pression, il est bien évident qu'il repassera par la position primitive avant d'arriver à l'état d'équilibre; on peut donc, par analogie, supposer que dans ce dernier état il sera encore funiculaire : on se trompe d'autant moins en faisant une semblable hypothèse que la différence entre les polygones projeté et fléchi est très-petite.

Les sommets de ces deux polygones ne se trouvent pas en général sur les mêmes verticales. Supposons, en effet, que la ligne du projet ait un côté horizontal ; comme il est soumis à la pression de la poussée F, les deux extrémités de ce côté se rapprocheront, et par conséquent il en sera de même des sommets avec lesquels ils coïncident; mais ce sera évidemment là que s'exercera le mouvement horizontal le plus considérable. On peut admettre qu'il sera d'autant plus petit qu'on se rapprochera davantage des points fixes qui ne bougent pas, et enfin le regarder comme nul pour les sommets voisins de ces points.

64. Toutes ces hypothèses sont nécessaires pour déterminer le mouvement vertical de chaque sommet de l'appareil; en y réfléchissant bien, on reconnaît qu'elles se réalisent à très-peu près, et dans les applications, on s'assurera que les résultats obtenus concordent avec l'expérience.

65. (*Fig.* 9) Cela posé, soient F et π, les composantes horizontales et verticales de la force ja dont l'intensité est proportionnelle à la pression du côté $i'j'$, on aura $ja = \sqrt{F^2 + \pi^2}$; soit F', la poussée inconnue du polygone après la compression, la pression du côté correspondant à $i'j'$ sera donc $\sqrt{F'^2 + \pi^2}$, par conséquent la ligne ja, soumise à cette pression, s'accourcira de la quantité

$$\frac{\sqrt{F^2 + \pi^2}\,\sqrt{F'^2 + \pi^2}\cdot E}{Q}$$

et deviendra :

$$\sqrt{F^2 + \pi^2}\left(1 - \frac{E}{Q}\sqrt{F'^2 + \pi^2}\right)$$

Et, comme nous supposons que le mouvement du point j, semblable à celui de i', se fait suivant la verticale, en prenant aj'' égale à cette dernière distance, décrivant du point a, comme centre, avec aj'' pour rayon, un arc de circonférence, et joignant au le point u, étant à la rencontre de cet arc avec la verticale bj; cette direction sera parallèle au côté comprimé correspondant à $j'i'$: la composante verticale de la pression exercée suivant ce côté étant toujours $\pi = bj$, en prolongeant au jusqu'à la rencontre de l'horizontale ju', et, menant la verticale $u'b'$, on aura $ab' = F'$.

Cela posé, les deux triangles semblables uba, $u'b'a$ donnent :

$$\sqrt{F^2 + \pi^2}\left(1 - \frac{E}{O}\sqrt{F'^2 + \pi^2}\right) : \sqrt{F'^2 + \pi^2} :: F : F'$$

d'où

$$F'\sqrt{F^2 + \pi^2}\left(1 - \frac{E}{O}\sqrt{F'^2 + \pi^2}\right) = F\sqrt{F'^2 + \pi^2}$$

et $\sqrt{F'^2 + \pi^2}\left(F + \frac{E}{O}F'\sqrt{F^2 + \pi^2}\right) = F'\sqrt{F^2 + \pi^2}$

Élevant au carré, il vient :

$$(F'^2 + \pi^2)\left(F^2 + \frac{E^2}{O^2}F'^2(F^2 + \pi^2) + 2\frac{E}{O}FF'\sqrt{F^2 + \pi^2}\right) = F'^2(F^2 + \pi^2)$$

Ordonnant par rapport à l'inconnue F', on a l'équation du quatrième degré

$$\frac{E^2}{O^2}(F^2 + \pi^2)F'^4 + 2\frac{EF\sqrt{F^2 + \pi^2}}{O}F'^3 + \pi^2\left(\frac{E^2}{O^2}(F^2 + \pi^2) - 1\right)F'^2 +$$
$$+ 2\frac{EF\sqrt{F^2 + \pi^2}}{O}\pi^2 F' + \pi^2 F^2 = 0$$

La valeur de F' étant trouvée, la relation $F' = \dfrac{P\delta\delta'}{H(\delta + \delta')}$ de laquelle on tire $H = \dfrac{P\delta\delta'}{F'(\delta + \delta')}$, donnera la hauteur d'un sommet quelconque du nouveau polygone au-dessus de la ligne qui joint ses deux extrémités, en substituant pour P sa valeur relative au sommet considéré.

66. (*Fig.* 9) Dans le facteur $\left(1 - \dfrac{E}{O}\sqrt{F'^2 + \pi^2}\right)$ de l'accourcissement de la longueur aj, il est à remarquer que la quantité E est toujours très-petite : on n'a pas oublié que E désigne l'accourcissement d'un corps prismatique ayant une longueur égale à l'unité, une section normale d'une superficie aussi égale à l'unité, et enfin comprimé suivant cette longueur par un effort égal à un : eh bien! pour le bois $E = \dfrac{1}{1200}$ et pour la fonte $E = \dfrac{1}{12000}$. Si l'on remarque d'ailleurs que la différence entre F et F' sera toujours assez petite, on pourra, sans erreur sensible, substituer à l'expression ci-dessus : $1 - \dfrac{E}{O}\sqrt{F'^2 + \pi^2}$; on aura alors :

$$F'\left(\sqrt{E^2 + \pi^2} - \frac{E}{O}(F^2 + \pi^2)\right) = F\sqrt{F'^2 + \pi^2}$$

Élevant au carré, il vient :

$$F'^2\left\{F^2 + \pi^2 + \frac{E^2}{O^2}(F^2 + \pi^2)^2 - 2\frac{E}{O}\left(F^2 + \pi^2\right)^{\frac{3}{2}}\right\} = F^2(F'^2 + \pi^2)$$

réduisant et prenant la valeur de F', on trouve :

$$F' = \frac{F\pi}{\sqrt{\pi^2 + \dfrac{E^2}{O^2}(F^2 + \pi^2)^2 - 2\dfrac{E}{O}\left(F^2 + \pi^2\right)^{\frac{3}{2}}}} =$$

$$= \frac{F\pi}{\sqrt{\pi^2 + \dfrac{E}{O}(F^2 + \pi^2)\left\{\dfrac{E}{O}(F^2 + \pi^2) - 2\sqrt{F^2 + \pi^2}\right\}}}$$

expression bien plus simple que la précédente.

Appliquons cette formule à la ferme choisie pour exemple. Nous avons $F = 15600$, $\pi = 9000$, $O = 190 \times 190 = 36100$, $E = \dfrac{1}{1200}$. (C'est la compression produite sur une verge prismatique d'une longueur égale à l'unité par un effort de 1 kilogr.; la section normale égalant 1 millimètre carré.)

On trouvera $F^2 = 243360000$; $\pi^2 = 81000000$, $F^2 + \pi^2 = 324360000$

$$(F^2 + \pi^2)\frac{E}{O} = 7.49, \quad 2\sqrt{F^2 + \pi^2} = 36020;$$

$$\frac{E}{O}(F^2 + \pi^2)\left\{\frac{E}{O}(F^2 + \pi^2) - 2\sqrt{F^2 + \pi^2}\right\} = -36013.51$$

$$\sqrt{\pi^2 - \frac{E}{O}(F^2 + \pi^2)\left\{2\sqrt{F^2 + \pi^2} - \frac{E}{O}(F^2 + \pi^2)\right\}} = 8985$$

et enfin $F' = 15626$.

Si l'on calcule au moyen des valeurs $F = 15600$, $F' = 15626$ les hauteurs des sommets du milieu des deux polygones funiculaires, on trouvera :

$$H = \frac{P\delta\delta'}{F(\delta + \delta')} = \frac{9600 \times 12 \times 12}{15600 \times 24} = 3^m,6923$$

et $H' = \dfrac{9600 \times 12 \times 12}{15626 \times 24} = 3.6862$. La différence entre les deux flèches est de 6 millimètres seulement !

Il est donc à peu près exact, dans la pratique, de considérer la position d'un projet de ferme ainsi conçue comme la véritable position d'équilibre.

67. Nous remarquerons en passant que l'équation
$$H = \frac{P(\partial\partial')}{F(\partial + \partial')}$$ représenterait la courbe funiculaire, si les sommets du polygone funiculaire étaient distants l'un de l'autre d'une quantité très-petite : en prenant en effet une des extrémités pour origine des coordonnées, pour axe des y, et x la verticale et la ligne menée vers l'autre extrémité par cette origine des coordonnées en posant $H = y$, $\partial = x$ et $\partial + \partial' = D$, on aura :

$$y = \frac{Px(D - x)}{FD}$$

équation qui servira à tracer la courbe lorsqu'on connaîtra P en fonction de x.

68. Pour obtenir une aussi faible différence de flèche, il sera nécessaire de ne pas laisser de jeu à l'assemblage de deux côtés consécutifs du polygone funiculaire; la pénétration des bois pourrait aussi occasionner une différence plus notable, si l'on n'interposait pas dans les joints des plaques métalliques pour les annuler.

69. On calculerait de la même façon les déformations d'un polygone funiculaire composé de pièces métalliques; mais ce genre d'appareil offre à l'étude une autre espèce de phénomène : les métaux se dilatent en élevant leur température et se contractent en l'abaissant; ces effets se produisent de telle sorte que les divers volumes sont tous semblables au primitif : ou, en d'autres termes, c'est un dessin du même

corps à une échelle plus grande, lorsque la température augmente, et à une échelle plus petite lorsqu'elle diminue. Mais, pour qu'il en soit ainsi, il faut que tous les mouvements des corps soumis à la chaleur ou au froid soient libres. Un polygone funiculaire, par exemple, dont les extrémités sont fixes, devant conserver avant comme après la dilatation ou la contraction, la même distance entre ces deux points, les variations thermométriques occasionneront une déformation de l'appareil ; si la température augmente, la flèche du polygone augmentera, et si la température diminue, cette flèche diminuera. Nous nous réservons d'étudier plus tard les circonstances de ce mouvement, qui peut avoir une grande influence sur les appareils exposés directement aux influences atmosphériques et d'un développement considérable, tels que les viaducs et ponts en fonte.

Ces études trouveront une place bien plus naturelle dans la seconde partie de notre travail sur les voûtes que nous publierons très-prochainement.

PARIS.—IMPRIMÉ PAR E. THUNOT ET Cᵉ, RUE RACINE, 26.

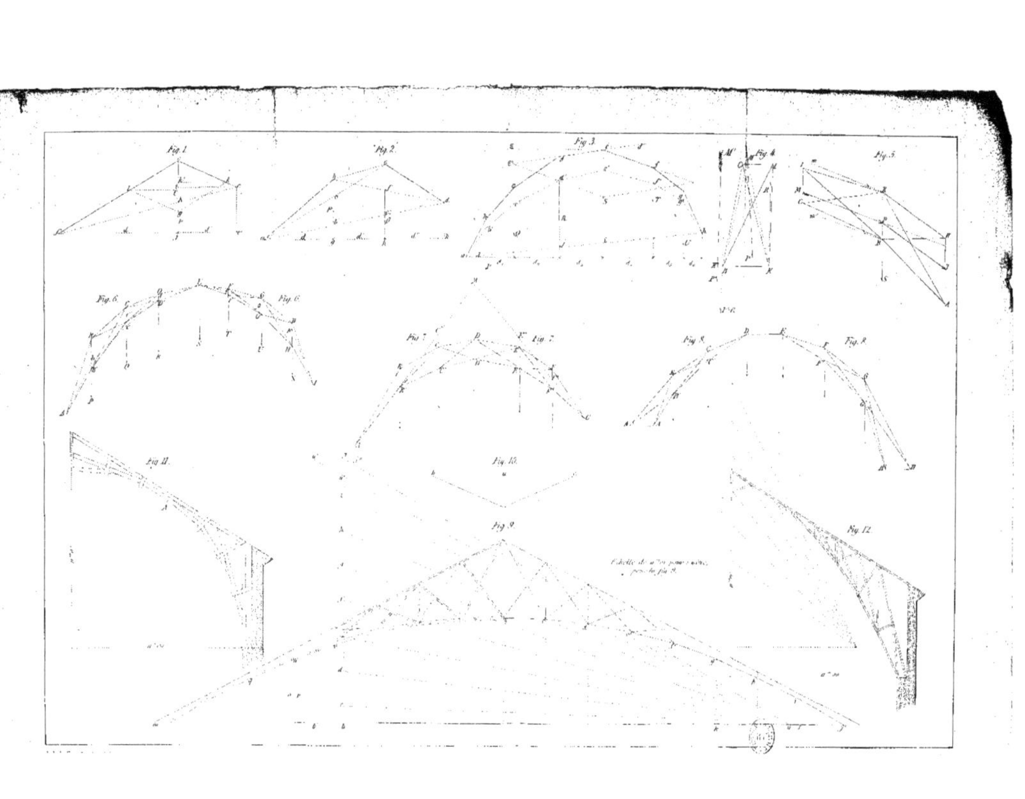

[illegible]
[illegible]
[illegible]
[illegible]
[illegible]
[illegible]
[illegible]
[illegible]
[illegible]
[illegible]
[illegible]
[illegible]
[illegible]
[illegible]
[illegible]
[illegible]
[illegible]

9 782019 218928